AF475310

OBSERVATIONS

SUR LA DÉFENSE

DE MOREAU.

A PARIS,

CHEZ LES MARCHANDS DE NOUVEAUTÉS.

1804 — AN XII.

OBSERVATIONS

SUR LA DÉFENSE

DE MOREAU.

AU moment où Moreau fut arrêté, je ne pus me défendre d'un mouvement de surprise et d'étonnement.

Depuis la paix, ce général semblait avoir pris la résolution de jouir dans la retraite de sa fortune et de sa réputation. On ne se dissimulait pas, il est vrai, ce que cette sorte d'éloignement avait d'inconvenant, et l'on croyait voir l'ostentation du mécontentement dans l'affectation avec laquelle ce général, conservé en activité, et demeurant à Paris, s'abstenait de paraître chez le chef du gouvernement et aux revues; mais il y a un intervalle immense entre cette affectation de bouderie et la participation à une conspiration.

D'un autre côté, si on connaît la force du gouvernement, on rend justice à sa modération, et et je me refusais à toute idée que ce gouvernement eût pu se décider à frapper un aussi grand coup sans avoir acquis les preuves qui dussent le provoquer et le justifier.

A cette époque parut le rapport du grand-juge au sénat. Des faits graves y étaient présentés à charge contre Moreau; mais une simple énonciation, quoique précise et détaillée, de faits, d'aveux, d'interrogatoires ne suffisait pas à ma conviction.

Je dois ajouter que les circonstances essentielles et fondamentales de ce complot, étaient alors contestées ouvertement; de tout côté l'on affirmait que Georges n'était pas à Paris, et que Pichegru n'avait pas quitté Londres; ces assertions, il est vrai, étaient appuyées et propagées par les journaux anglais; mais elles avaient fini par acquérir une sorte de consistance.

Bientôt le gouvernement, méprisant toutes ces dénégations, et au milieu des incertitudes de l'opinion, fait le renvoi solennel de l'affaire et des prévenus devant le tribunal ordinaire.

La liste des brigands est affichée, leurs signalemens sont donnés, leur présence à Paris est officiellement proclamée.

Enfin Pichegru est arrêté dans Paris.

Georges lui-même et tous les brigands signalés par le gouvernement, sont enfermés au Temple.

J'avoue qu'alors toutes mes incertitudes s'évanouirent; et je mêlai de bon cœur ma voix à celle des trente millions de français qui, à cette époque, bien convaincus de l'existence du danger auquel la France entière venait d'échapper, portèrent, avec un heureux accord, leurs sincères félicitations au chef du gouvernement, que les poignards des assassins avaient marqué.

Une instruction prolongée tracassa, inquiéta l'opinion. Il semblait que la réunion et la prise des coupables fussent, pour ainsi dire, une preuve suffisante de l'existence de la conspiration, et les formes lentes de la justice employées pour établir la conviction légale, semblèrent, pendant deux mois, affaiblir la conviction morale qui était entrée dans tous les esprits.

Enfin l'acte d'accusation a paru, il a été publié. Cet appel, bien franc à l'opinion publique, a été apprécié; et, quant à moi, j'ai lu cet acte avec autant d'attention que si sa publication m'eût constitué officiellement ou le juge ou le défenseur des accusés.

Au milieu des quarante-cinq accusés, à la

suite des noms de Georges, de Tamerlan, de Burban, de Joyau, de Mérille et d'autres brigands couverts de sang, coupables de meurtres atroces, et d'attentats qui font frémir; dans cette épouvantable galerie, où figurent plusieurs des accusés du 3 nivôse, je ne cherchais que le nom du général Moreau : je l'ai trouvé, et j'avoue qu'en ce moment l'acte d'accusation m'a paru être pour lui un supplice plus cruel que la mort.

Mais l'acte d'accusation n'est pas le jugement; et tous les faits qu'il énonce ne sont que des allégations jusqu'à ce qu'ils soient prouvés par les débats; les débats font seuls d'un accusé un innocent ou un coupable; je les désirais avec impatience, ils ont été ouverts : j'ai vu l'accusé en présence de ses juges, je l'ai entendu. Cette audience, du 10 prairial an XII, ne sortira plus de ma mémoire!!! O révolution française! que d'hommes, que de réputations tu as créés; mais aussi que de réputations, que d'hommes tu as dévorés!

Je méditais en silence sur la vanité de la gloire et des réputations, et je ne pensais point à communiquer aux autres les affections pénibles dont cette séance avait flétri mon âme, lorsque je vis que dans la grande salle du Palais de

Justice, à la Bourse, au Palais-Royal, dans les maisons de jeux, et dans quelques cafés, quelques désœuvrés, d'autres plus actifs, et qui avaient sans doute leurs raisons pour l'être, affirmaient que Moreau s'était défendu avec autant de succès que de courage. Les mêmes bruits se répandaient avec affectation dans plusieurs coteries, et ceux qui proclamaient ainsi l'innocence de Moreau, étaient précisément les mêmes gens qui affirmaient, il y a trois mois, que Georges n'était point à Paris, que Pichegru n'avait point quitté Londres. Et, chose plus étrange encore, ces mêmes gens, s'accoutumant peu à peu à la figure et aux projets de Georges, de Saint-Victor, de Mérille et autres brigands, commençaient à dire que Georges annonçait du caractère; qu'après tout, les chouans se défendaient avec énergie; que les meurtres, les vols de diligence n'étaient pas très-clairs; qu'à la vérité, au 3 nivôse, il y avait bien eu, rue St.-Nicaise, une explosion meurtrière; mais qu'on pouvait prouver que Coster, Saint-Victor, Joyau, Georges et autres n'y avaient point eu plus de part que mademoiselle de Cicé, etc.

J'ai vu dans ces discours, dans ces coteries, un esprit de frivolité et de malveillance prenant d'avance pour devise : *Innocence de Moreau*. J'ai dû chercher à dissiper ce vain prestige de crédulité maligne et affectée, et à éclairer ceux qui ont besoin de l'être, sur-tout ceux qui veulent l'être.

Le moyen le plus simple est de donner la plus grande publicité aux débats qui ont eu lieu dans la séance du 10; de démontrer la force des preuves qui accusent Moreau d'être le complice de Georges et de Pichegru, et la faiblesse des moyens qu'il oppose aux preuves multipliées qui s'élèvent contre lui.

I.er FAIT.

Moreau a su que Pichegru était à Paris; il a eu avec Pichegru seul plusieurs conférences.

II.e FAIT.

Moreau a su que Georges était à Paris; il a eu avec Georges et Pichegru une entrevue sur le boulevard de la Madeleine.

Preuves au soutien du premier fait.

Le premier fait, long-temps nié par Moreau, a été enfin avoué par lui. Il ne s'est point rétracté pendant les débats.

Preuves au soutien du deuxième fait.

Et d'abord est-il vrai que Moreau ait vu Pichegru le 6 pluviôse, à 9 heures du soir, sur le boulevard de la Madeleine?

Moreau a d'abord nié ce fait : il ne veut point encore l'avouer; mais, un peu ébranlé par la présence et la déposition des témoins, il se contente aujourd'hui de dire qu'il ne s'en souvient pas.

Opposons lui des preuves. Bouvet, dans sa déclaration faite devant le grand-juge, affirme que le 25 ou le 26 germinal, il a vu Lajollais, lorsque celui-ci vint prendre Georges et Pichegru à la voiture, où il était avec eux au boulevard de la Madeleine, pour les conduire à Moreau, qui les attendait à quelques pas de là.

Il a répété les mêmes faits devant le juge instructeur.

Il a persisté dans ses confrontations, et, à l'audience, au moment où il expliqua quelques inductions de faits énoncés par lui dans ses premières dépositions, il a persisté très-fortement dans cette partie de sa première déclaration.

Lajollais a déposé du même fait. C'est lui qui, le matin même du rendez-vous, avait demandé ce rendez-vous à Moreau. C'est Moreau qui lui en avait indiqué le lieu et l'heure. Moreau lui a dit qu'il s'y trouverait en habit bleu, en chapeau rond; qu'il aurait en main une canne dont il frapperait la terre, etc., etc. Lajollais ajoute dans ses interrogatoires (car cet aveu se trouve répété dans quatre), que le soir même il s'est trouvé au lieu du rendez-vous; qu'un des hommes attachés à Georges, Joyau, lui annonça l'arrivée du général : *le général est là* (lui dit Joyau), en montrant la voiture arrivée rue Basse; que deux secondes après avoir reçu cet avis, Lajollais a rencontré Moreau, vêtu de l'habit bleu, coiffé du chapeau rond, et faisant avec sa canne les signes convenus; que lui, Lajollais, a prévenu Moreau de l'arrivée du général Pichegru. Moreau lui a fait remarquer que la lune donnait trop sur cette partie du boulevard, et qu'il allait passer du côté opposé, où il attendrait Pichegru; et de suite, Lajollais s'est approché de la voiture de Pichegru. Il avoue qu'il y avait plusieurs personnes; que Pichegru était justement du côté où il se présenta; qu'il l'aida à descendre; qu'il le conduisit promptement auprès de Moreau; qu'il les laissa seuls; mais qu'il ignore si Pichegru fut ou ne fut pas suivi des autres personnes qui se trouvaient avec lui dans la voiture.

Dans ses interrogatoires devant le juge Thuriot, Lajollais a persisté.

Il a persisté sur ce fait dans les confrontations.

Aux débats, pendant lesquels il a essayé de parler favorablement de Moreau, il a voulu un instant hésiter sur cette partie de sa déposition : le premier président lui en a fait une seconde lecture ; et voici ce que les sténographes ont recueilli :

Le président : « En parlant du rendez-vous » sur le boulevard de la Madeleine, où vous vous » étiez trouvé ainsi que Moreau et Pichegru, vous » dites : *Alors Moreau indiqua l'allée du côté » de la rue des Capucines, où la lune donnait » moins*, vous rappelez-vous si Moreau vous » a indiqué cet endroit-là ?

» Lajollais : Je crois qu'oui.

» Le président : Vous rappelez-vous si vous » avez indiqué à Pichegru de prendre également » de ce côté-là ?

» Lajollais : J'ai indiqué à Pichegru de pren- » dre l'endroit où Moreau se trouvait.

» M. Selves, juge : La question est là. Si Mo- » reau a dit : Dites à Pichegru de passer de l'au- » tre côté, il en résultera que Moreau a été vé- » ritablement sur le boulevard.

» Lajollais : Lorsque j'ai rencontré le général » Moreau, il a dit : Je vais passer de l'autre cô- » té, j'en ai prévenu Pichegru. »

A ces témoignages non suspects et bien circonstanciés que répond Moreau? (*Voyez* pag. 9 et 10 des débats recueillis par les sténographes.)

« Je ne me rappelle pas avoir vu le général » Pichegru sur les boulevards...... (*) M. Lajol- » lais m'a parlé de cinq ou six rendez-vous avec » le général Pichegru, et je n'ai pas cru devoir » m'y rendre...... (**) Je ne m'en rappelle pas, » je n'ai pas vu le général Pichegru ailleurs que » chez moi. » Et enfin (pag. 11), le président lui demande : Il faut savoir s'il y a eu un rendez-vous désigné sur le boulevard de la Madeleine, pour vous réunir à Pichegru ; Moreau répond : « Je conteste si peu la proposition, que je con- » viens que M. Lajollais m'en a proposé trois ou » quatre. Il m'a encore parlé d'un autre rendez- » vous aux Champs-Elysées. Je ne conteste pas » avoir vu Pichegru deux fois chez moi. »

Ainsi à deux témoins non suspects, dont les dépositions n'ont pu être concertées, à deux témoins dont l'un accuse et l'autre défend Moreau, et qui cependant, quoique divisés d'opinion sur l'homme, se réunissent sur le fait, à deux témoignages remplis de détails minutieux et qui cependant s'accordent dans tous les détails, Moreau ne peut opposer d'abord qu'une simple dé-

(*) Page 9.
(**) Page 10.

négation, et bientôt le débat se prolongeant, et la vérité sortant avec évidence de ces débats, la dénégation se change en un simple doute; et enfin Moreau finit par avouer la proposition du rendez-vous, sans oser insister ni sur la dénégation, ni même sur le doute de son existence.

Il faut donc reconnaître comme un fait incontestable que le 27 janvier (6 pluviôse), à neuf heures du soir, Pichegru et Moreau se sont trouvés sur le boulevard de la Madeleine et y ont conféré.

Quand le fait est ainsi bien évidemment démontré, on se demande pourquoi Moreau met tant d'attention à le contester; et puisqu'il ne fait plus difficulté maintenant d'avouer qu'il a reçu deux fois Pichegru *chez lui*, (*) pourquoi montre-t-il tant de répugnance à avouer qu'il l'ait vu sur le boulevard? et si ces rendez-vous n'ont en eux-mêmes rien de criminel, ils n'en prendront pas le caractère, parce qu'il aura été accordé trois rendez-vous au lieu de deux, et parce que Moreau aura vu Pi-

(*) (*Recueil des sténographes, page* 56) : « Je ne » dissimule pas, dit Moreau, avoir vu le général Piche- » gru, je suis convenu l'avoir vu chez moi; si je l'avais vu » là (boulevard de la Madeleine), je le dirais de même. »

chegru sur le boulevard au lieu de le voir chez lui; ils ne peuvent pas emprunter le crime soit du nombre, soit du lieu. Si ces rendez-vous au contraire sont criminels, et s'ils tirent leur criminalité de la qualité même des individus, le délit est assez établi par l'aveu des deux rendez-vous qui ont été donnés rue d'Anjou; et ni le nombre, ni le lieu de ces rendez-vous ne peuvent pas plus atténuer qu'aggraver le délit avoué; pourquoi donc Moreau met-il autant d'importance à dénier le rendez-vous prouvé du boulevard ?

C'EST QUE GEORGES ÉTAIT PRÉSENT A CE RENDEZ-VOUS ; c'est que l'intervention de ce brigand ne permet plus d'hésitation ni de doute sur l'existence et le but de la conspiration ; et Moreau, qui ne pouvait se dissimuler cette fatale conséquence, savait bien aussi que les mêmes hommes qui pouvaient attester l'existence du rendez-vous, prouveraient en même temps l'intervention de Georges à ce rendez-vous.

Mais que résulte-t-il alors de cette dénégation? De cette dénégation, si stérile pour la défense de l'accusé, jaillit avec force une preuve nouvelle de la présence de Georges à cette entrevue; et à la tête des témoins irrécusables qui accusent alors Moreau, il faut placer Moreau lui-même.

Cet argument acquiert, dans cette circonstance, d'autant plus de force, qu'on a mieux connu le système de défense de Moreau.

Il commence toujours par nier ; il ne fait d'aveux que lorsqu'il voit les preuves, et qu'autant que les preuves rendent la dénégation insoutenable. Ainsi, il commence par nier qu'il sût que Pichegru fût à Paris, qu'il fût en France : ainsi, il ne savait pas que Georges fût à Paris, parce qu'il supposait que Pichegru, que Georges bien avertis qu'ils étaient poursuivis, échapperaient à la surveillance de la police. Mais à la première question qui lui est faite sur Fresnières qu'il a laissé dans Paris, exposé aux mesures de la police ; au premier interrogat qui lui est fait sur les propositions que Fresnières lui a transmises de la part de Joyau, aide-de-camp de Georges (*voyez* recueil des interrogatoires, page 7), soudain Moreau croit que Fresnières est arrêté ; il ne soupçonne pas que c'est Lajollais, qui, par ses aveux, a provoqué la question sur la proposition faite par Joyau-Villeneuve à Fresnières ; il s'imagine que Fresnières seul a pu découvrir ce secret, qu'il est arrêté, qu'il a parlé. Et c'est alors qu'il fait le premier aveu, après l'avoir bien médité et rédigé par écrit.

Confronté avec Rolland, il est obligé d'avouer qu'il a accordé un rendez-vous chez lui à Pichegru, qui lui a été amené par Fresnières dans le cabriolet de Rolland. Il fait cet aveu, parce que Rolland le presse, et parce qu'il croit encore ici que Fresnières a parlé; mais, arraché enfin à son système négatif sur ce qui concerne Pichegru, il n'avoue encore que ce seul rendez-vous. Bientôt après, il est confronté avec Lajollais et avec Couchery, qui parlent d'un autre rendez-vous chez lui; et il avoue alors ce second rendez-vous, comme il avait avoué le premier : il avoue les deux rendez-vous, parce qu'ils n'ont été accordés qu'à Pichegru, et parce qu'il espère les colorer ou les excuser.

Il est donc évident que, fidèle à son système, à l'instant où, confronté à Bouvet, à Lajollais et à Couchery, Moreau a été interrogé sur le rendez-vous qui a eu lieu sur le boulevard de la Madeleine, il n'aurait dû faire aucune difficulté d'avouer l'existence si bien démontrée de ce rendez-vous. Il ne l'a point fait, parce qu'il était impossible de colorer une entrevue où Georges avait été admis.

La preuve que Georges avait également assisté à ce rendez-vous, se tire, non-seulement de l'argument que nous venons de présenter, mais plus directement encore des témoignages positifs et des déclarations que nous avons annoncés.

Ainsi Bouvet de Lozier, dans sa déclaration du 14 février, dit : « J'ai vu encore le même La-
» jollais le 25 ou le 26 janvier, lorsqu'il vint
» prendre *Georges et Pichegru* à la voiture où
» j'étais avec eux, boulevard de la Madeleine,
» pour les conduire à Moreau, qui les attendait
» à quelques pas de là. »

Et à l'audience, au moment où Lajollais venait d'être interrogé sur cette entrevue, le président s'adresse à Bouvet de Lozier (*voyez* les débats recueillis par les sténographes (page 431), et le prie de s'expliquer sur cette même entrevue.

Bouvet répond : « J'étais dans la voiture avec
» Georges et Pichegru. »

Et plus loin (pages 434) le président, en continuant toujours le débat sur ce rendez-vous, dit à Bouvet : « Expliquez-vous ? savez-vous si le
» général Moreau y était ?

» Bouvet : Je l'ai entendu dire, et je ne l'ai
» pas vu.

» Le président : Mais Lajollais vous a vu.

» Bouvet : J'ai vu Lajollais. »

Et dans les séances précédentes, au moment où l'on a discuté la partie de la déclaration de

Bouvet, relative aux conférences qui ont eu lieu à Paris, entre Moreau, Pichegru et Georges, le président ayant demandé à Bouvet par qui il était instruit que ces conférences avaient eu lieu, celui-ci répond : *Par Georges.* (*Voyez* page 114 des débats.)

Il persiste ensuite à déclarer que Lajollais est venu sur le boulevard prendre Georges et Pichegru dans la voiture, où il était avec eux, au boulevard de la Madeleine. Il ajoute que Georges lui a dit qu'on avait pour objet de rejoindre Moreau. Il répète encore (*) : « J'ai vu Georges et Pichegru » descendre de la voiture où j'étais; ils m'ont laissé » là. Leur projet était d'aller trouver Moreau. »

Au moment où Lajollais fut obligé de s'expliquer pour la première fois sur cette entrevue, il sentit, comme Moreau, de quelle évidente criminalité l'intervention de Georges flétrirait cette entrevue, et l'accusait lui-même ; aussi dès-lors prit-il, avec une remarquable affectation, la précaution de ne pas avouer cette intervention.

Il tremble toutes les fois qu'il est obligé d'avouer et ses courses à la maison de Chaillot, où demeurait Georges, et les visites que Georges venait faire dans la maison de lui Lajollais, rue Culture-Sainte-Catherine. Les aveux qu'on

(*) Page 117 des débats.

en obtient, il ne les fait jamais sans ajouter que ce n'était point pour Georges, mais pour Pichegru qu'il allait à Chaillot, et que c'était Pichegru seul que Georges venait visiter, rue Culture-Sainte-Catherine; que, pour lui, il ne voulait rien avoir de commun avec Georges, qu'il ne lui adressait la parole que pour lui faire les complimens d'usage, qu'il l'avait quitté presqu'à l'instant du débarquement, et que tous ses soins n'avaient pour but que d'enlever Pichegru à la bande de Georges : c'est ce qui résulte de tous les interrogatoires de Lajollais.

Il ne faut donc pas s'étonner de la réserve avec laquelle il s'explique sur la présence de Georges à cette entrevue du boulevard.

Mais d'abord cette affectation même, cet excès de précaution indiscrète et maladroite, est pour tout esprit juste un commencement de preuve de la vérité du fait.

Mais ensuite Lajollais est obligé de convenir de faits qui déjouent toutes ses précautions. Ainsi il avoue que Georges et Pichegru logeaient alors ensemble à Chaillot; que Georges et Pichegru avaient fait route ensemble depuis Londres jusqu'à Chaillot; que Lajollais avait, le matin même du rendez-vous, fait prévenir Pichegru à Chaillot que Moreau l'avait accordé; il avoue que Pichegru n'était pas seul dans la voiture lorsqu'il alla l'y chercher pour le conduire à Moreau ; et si dans ses interrogatoires il n'affirme pas que Georges ait suivi Pichegru, du moins avoue-t-il qu'il ne peut non plus le nier ; et Bouvet de Lozier affirme qu'une des personnes qui se trouvaient dans la voiture était Georges. Or, n'est-il pas évident que Georges et Pichegru arrivés ensemble, logés ensemble, réunis pour le même dessein, n'espérant l'un et l'autre que sur le secours de Moreau, auront dû se trouver ensemble au rendez-vous du boulevard ?

Eh ! comment expliquer autrement la présence de Georges dans cette voiture ? Était-ce simplement pour accompagner Pichegru ? mais Georges, toujours caché, Georges, si remarquable par sa corpulence, n'eût point quitté sa retraite pour un semblable motif.

Ce n'était pas, certes, pour garantir ou secourir Pichegru que Georges était arrivé, et serait resté dans cette voiture : sa présence inutile aurait au contraire doublé le danger.

Enfin, une déclaration bien précise vient détruire toutes les petites réserves dans lesquelles s'enveloppe Lajollais. Ce qu'il évite aujourd'hui d'avouer à la justice, il l'a déclaré le lendemain de l'entrevue, à un témoin non suspect, à un témoin son complice, plus que lui ami de Pichegru, et ce témoin, c'est Couchery.

Voici ce qu'il déclare (*voyez* page 132 du recueil) :

« Lajollais, qui avait vu Moreau, était convenu d'une entrevue (c'est la première)……
» Je sus de Lajollais, le lendemain, que Villeneuve l'avait déposé au lieu du rendez-vous,
» et était allé chercher le général. *La voiture revint pleine ;* Moreau venait d'arriver ; Lajollais
» lui conduisit *en hâte* Pichegru ; mais ils ne faisaient que s'embrasser *que Georges arrivait*
» *déjà :* cet incident rendit l'entrevue courte et
» froide. »

Que l'on compare cette déclaration à celle de Lajollais, et l'on restera convaincu que Couchery ne fait que répéter ce qui lui a été dit par Lajollais le lendemain de l'entrevue.

Enfin un autre témoin dépose de la présence de Georges à cette entrevue, c'est Georges lui-même : voici ce que dit Couchery dans sa déclaration (page 135 du recueil) :

« Deux jours après, nous accompagnâmes le
» général Pichegru chez le général Moreau
» (deuxième entrevue) ; Georges dit, quand
» nous partîmes : Aujourd'hui, il (Moreau) ne se
» plaindra pas, je n'y serai point. »

Dans ses confrontations avec Moreau, Couchery n'a point varié; et à l'audience, pendant tout le cours des débats, il a persisté dans sa déclaration.

Et quel homme de bon sens pourrait, après avoir lu les interrogatoires et entendu les débats, penser que Moreau n'a pas su que Georges et sa bande étaient à Paris?

Tous ces brigands n'avouent-ils pas qu'ils sont venus en France pour renverser le gouvernement, et pour attaquer de vive force le premier consul? ne déclarent-ils pas qu'ils ne se sont hasardés, en aussi petit nombre, dans une si périlleuse entreprise, que parce qu'ils étaient convaincus que Moreau devait se mettre à leur tête. En supposant que leur confiance, à cet égard, ait été diminuée par les irrésolutions de Moreau, à qui persuadera-t-on que Georges, que l'ex-marquis de Rivière, aide-de-camp du comte d'Artois, plénipotentiaire du prince auprès de Georges, Pichegru et Moreau, auront abandonné leurs projets sans avoir parlé à Moreau de ses promesses, ou des promesses faites en son nom, des espérances et des démarches qui ont été la suite de ces promesses? A qui persuadera-t-on que ces hommes, dont la déclaration et le suicide de Bouvet, dont le suicide de Pichegru et de Damonville peignent le caractère et attestent le désespoir, n'auront pas forcé Moreau à s'expliquer, et ne l'auront pas fatigué de reproches, ne lui auront pas peint les dangers auxquels ils se sont exposés, ne lui auront pas fait sentir combien ils étaient forts avec lui, et combien ils étaient faibles sans son appui? A qui persuadera-t-on que le féroce Georges, que Joyau, que Coster, que Roger, et autres brigands, complices du 3 nivôse, auront pris avec résignation la résolution de se retirer sans se plaindre, et sans parler à Moreau?

Il faut donc reconnaître que Moreau a su que Georges était à Paris, et qu'il a eu avec Georges et Pichegru une entrevue sur le boulevard de la Madeleine.

III.e QUESTION.

Quels motifs conduisaient à Paris Georges et Pichegru?

Ils sont démontrés, ils sont avoués.

Georges déclare franchement qu'il venait attaquer Bonaparte et renverser le gouvernement.

Pichegru n'est pas aussi franc dans ses aveux; mais Bouvet, mais Rivière, les deux Polignac, Russillon, Rolland, Couchery, en un mot plus de vingt des accusés arrivés avec Pichegru, partis avec lui, chargés de la même mission, et quelques-uns d'entr'eux confidens et dépositaires de ses projets, se réunissent pour déclarer que c'était le renversement du gouvernement français, une attaque de vive force dirigée contre le premier consul; en un mot, le retour des Bourbons, et pour y parvenir, l'assassinat de celui que les vœux des Français viennent de placer sur le trône de Charlemagne.

J'aurais une étrange idée de ceux qui ont lu les interrogatoires, qui ont lu l'acte d'accusation, et qui ont assisté aux débats, si je croyais que la vérité, que je viens d'énoncer, eût besoin de démonstration.

IV.e QUESTION.

Moreau a-t-il eu connaissance des projets des conjurés? a-t-il trempé dans la conspiration?

Il n'est personne qui ne reconnaisse que, surtout à l'égard de Moreau, la seconde partie de cette question est la conséquence nécessaire de la première, et qu'il suffirait de démontrer à Moreau qu'il a eu connaissance des projets des conspirateurs, pour qu'il fût démontré qu'il a été le complice de la conspiration.

Moreau lui-même est si bien convaincu de cette vérité, qu'il a employé tous ses moyens à essayer de démontrer 1.° qu'il a pu recevoir Pichegru sans connaître ses projets ; 2.° qu'il a pu recevoir quelques-unes de ses confidences, et entendre quelques-unes de ses questions sans connaître la conspiration ; 3.° qu'il a pu même le croire conspirateur, sans être obligé de dénoncer la conspiration ; 4.° qu'il a pu, dans toute cette affaire, commettre des actions imprudentes, mais que des imprudences ne sont point des actes de conspiration ; et que, dans tous les cas, ce qu'il y a de répréhensible dans sa conduite, est bien racheté par les services qu'il a rendus à sa patrie.

Voilà en dernière analyse, et d'après ses interrogatoires et les débats, la défense de Moreau.

On en sentira aisément la faiblesse.

Et d'abord Moreau pouvait-il, sans manquer aux devoirs les plus sacrés, revoir, en pluviôse an XII, l'ex-général Pichegru ?

Moreau n'était pas un simple citoyen, Moreau était un général en chef au service de la république, et recevant son traitement d'activité ; Moreau avait, en l'an V, dénoncé au Directoire, comme traître à sa patrie, le général Pichegru ; Moreau avait fait, à une époque trop tardive, il est vrai, cette dénonciation ; mais il avait lui-même saisi, déchiffré les pièces au soutien de l'accusation, il avait fait mettre en arrestation les complices du général conspirateur; et en l'an VII, environ deux ans après, dans une lettre au Directoire, il avait persisté dans l'accusation dirigée par lui contre Pichegru. Certes, il n'est pas besoin de prouver par des raisonnemens que Moreau, simple citoyen, que le général en chef Moreau, que Moreau dénonciateur du traître Pichegru, ne devait plus se retrouver avec lui; qu'il ne pouvait y avoir entr'eux aucune réconciliation : aussi, et lorsqu'on demande à Pichegru *s'il est réconcilié avec Moreau*, il répond : *Qu'est-ce qu'une réconciliation? Elle n'a lieu entre militaires que quand ils se sont arrangés, et nous n'en avons pas eu l'occasion* (recueil des interrogatoires, page 96.)

Nous étions en guerre avec les Anglais, et Pichegru arrivait clandestinement d'Angleterre. Pichegru accusé de trahison, Pichegru à la solde des Anglais, Pichegru que la notoriété publique accusait d'avoir assisté aux revues des volontaires à Londres, Pichegru devenu le conseil et l'appui de l'ex-comte d'Artois, Pichegru, ne put-il être soupçonné que d'espionnage? pouvait-il, sans crime, être clandestinement reçu à Paris par Moreau, général en chef en activité de service?

Moreau a bien senti d'avance tout ce que ces rapprochemens auraient d'accablant : aussi, dans les débats, dans ses interrogatoires, au moment où il est forcé d'avouer qu'il a reçu Pichegru, il fait tous ses efforts pour arracher ce traître aux accusations qui le flétrissent, et pour le présenter au public comme un Français malheureux, victime de la calomnie, qui ne rentrait en France que pour quitter l'Angleterre, et dans l'espoir d'obtenir du gouvernement français la permission de rentrer dans sa patrie.

Ainsi, lorsque le président oppose à Moreau les lettres un peu tardives, dans lesquelles il accuse Pichegru en l'an V, il répond : J'ai pu le croire coupable alors; mais depuis, une commission militaire, créée pour prononcer sur ce grand procès, créée pendant que je commandais l'armée, en nivôse an VIII, a déclaré que Pichegru était innocent.

Moreau a dû s'apercevoir du peu d'effet qu'a produit sur l'auditoire cette étrange *excuse*. Pour moi, j'ai gémi de voir un militaire, un général en chef, répondre, lorsqu'il s'agit d'honneur et de délicatesse, *par une fin de non recevoir;* j'ose croire que parmi les hommes de loi dont le général Moreau s'est entouré, il n'en est pas un seul qui ait osé lui suggérer un pareil moyen.

Ainsi Rivoire, accusé d'avoir voulu incendier le port de Brest, a été traduit à une commission militaire; le fait a été déclaré constant, l'accusé convaincu; mais il a été *acquitté sur l'intention;* le traître et l'incendiaire Rivoire est donc innocent aux yeux du général Moreau?

Ainsi, je ne me rappelle plus quel prêtre va chez un représentant du peuple, lui tire un coup de pistolet à bout portant, et lui casse un bras; le juré déclare le fait constant, l'accusé convaincu; mais il déclare que le crime a été commis sans préméditation, et l'accusé est acquitté du crime d'assassinat; cet assassin est donc un homme innocent aux yeux du général Moreau?

Marat, l'exécrable Marat, accusé par la législature entière, a été acquitté par des jurés ses complices; Moreau aurait-il donc reçu chez lui ce représentant des furies?

Mais Pichegru n'a point été acquitté; et, puisqu'il faut parler au général Moreau la langue du palais, le jugement qui acquitte les complices de Pichegru est étranger à ce traître; Pichegru n'est point compris dans l'accusation.

Mais cette commission militaire, ou plutôt la majorité de cette commission n'a pas prononcé sur le délit, ni sur la part que pouvaient y avoir prise les accusés; elle a seulement prononcé que *le fait n'était pas* prouvé *légalement.*

Je ne m'arrête pas à demander ce que la commission entendait par la *légalité* de la preuve ; mais je dois faire trois observations :

La première; que Moreau nous avertit lui-même qu'il commandait l'armée, lorsque cette commission fut formée; elle n'a pu l'être que d'après ses ordres ou avec son autorisation, et on pourrait dire que le jugement a été rendu sous son influence.

La deuxième; que le président de cette commission, l'ex-général Desnoyers, est depuis cinq mois détenu à l'abbaye, *convaincu* (il en a fait l'aveu) d'être allé à Warsovie pour obtenir du comte de Lille une déclaration des intentions du prince, relativement à ceux qui s'étaient montrés amis de la révolution, dans le cas où Desnoyers et consorts parviendraient à renverser le gouvernement actuel.

La troisième; que le prononcé très-étrange du jugement rendu par cette commission, est textuellement conforme aux expressions dont se sert Moreau, lorsqu'il annonce au Directoire la découverte de la conspiration, et lorsqu'il accuse Pichegru d'en être le complice. Il annonçait dès-lors que les quatre cents pièces qui accusaient Pichegru et ses complices, ne fournissaient *peut-être pas de preuves judiciaires*.

De ces observations, je suis en droit de conclure que, pour des hommes de loi, le jugement qui innocente Lajollais n'acquitte point Pichegru; et Pichegru eût-il été compris dans cette accusation, le jugement qui l'acquittait alors aux yeux de la loi, ne pouvait point le justifier dans l'opinion; sur-tout lorsque l'éclat de toute sa conduite postérieure aurait, pour ainsi dire, cassé ce jugement au yeux de toute l'Europe; enfin, que ce jugement, quel qu'il fût, ne pouvait faire dans l'esprit de Moreau aucune impression favorable à Pichegru; qu'entre Pichegru et Moreau il y avait une barrière insurmontable, élevée ou par la trahison, si Pichegru est coupable, ou par la calomnie, si Pichegru est innocent.

Jusqu'à ce moment, en traitant cette question, et en parlant de Pichegru, j'ai supposé qu'il était arrivé *seul*, qu'il était arrivé en France comme tout autre Français réfugié qui, sans passe-port, serait entré clandestinement, mais seul ou avec des gens non suspects : or, si dans cette supposition, l'excuse de Moreau est frivole, si dans cette supposition Moreau est encore coupable, ne le sera-t-il pas davantage lorsque je rétablirai les faits?

Il est bien démontré que Pichegru n'est point

rentré seul, et l'on sait aujourd'hui avec qui, par quelle voie il a débarqué, voyagé, et chez qui il a d'abord logé en arrivant à Paris.

Pichegru est débarqué avec les complices de Georges; il a été conduit par Jean Marie; il a débarqué à la falaise de Béville; il a été reçu à la ferme de la Poterie, par Georges et sa bande; il a voyagé avec ces assassins, la nuit, de ferme en ferme, par des chemins détournés; il a logé, en arrivant à Chaillot, avec Georges; c'est de Chaillot qu'il est parti pour se trouver, avec Georges, au premier rendez-vous accordé par Moreau. Ces faits sont démontrés; Moreau a su que Pichegru était arrivé avec Georges, il l'a vu avec lui. Que Moreau cherche à nier ces dernières particularités; elles n'en sont pas moins démontrées, et la dénégation de Moreau ne prouve autre chose maintenant, si ce n'est qu'il reconnaît lui-même que ses conférences avec Pichegru sont un délit inexcusable.

« Eh! s'écrie alors Moreau, pourquoi donc n'aurais-je pas reçu chez moi le général Pichegru? pourquoi sa rentrée en France me serait-elle reprochée comme un délit? *quand l'armée de Condé était à Paris, le général Pichegru pouvait bien y être* (débats, pag. 422)... *Revenu à Paris, j'ai vu dans tous les cercles l'armée de*

Condé que je venais de combattre; ils étaient rentrés; le gouvernement leur avait pardonné (débats, pag. 466)..... *Pichegru n'était pas plus coupable que ceux qui avaient servi dans l'armée de Condé* (débats, pag. 467), etc. etc.

Je ne veux point trop examiner à qui s'adressait, en s'exprimant ainsi, le général Moreau. Je n'examinerai point non plus jusqu'à quel point cette sortie, dans la bouche du général Moreau, devra étonner ceux qui en sont l'objet, et qui se rappelant le passé, les égards très-marqués que le général avait alors pour eux, et les éloges dont ils ne cessaient de le poursuivre lorsque le gouvernement les persécutait, étaient loin de s'attendre à un pareil reproche; au moment où le gouvernement réparateur oublirait leurs torts.

Je n'examinerai pas non plus ce que peut avoir d'étrange cette censure du gouvernement dans la bouche d'un accusé à qui l'on reproche précisément d'avoir tenté de renverser ce gouvernement.

Mais je dois faire sentir au général Moreau qu'il y a une différence immense entre un émigré, entre un soldat de l'armée de Condé et l'ex-général Pichegru.

Je n'aime point les émigrés, nous leur devons

tous les maux, toutes les horreurs de la révolution; mais un émigré, et même un émigré qui a servi contre son pays à la solde de l'Angleterre, est en effet bien moins coupable que le traître Pichegru. On a vu Dumouriez fuir une armée qu'il n'avait pu entraîner dans la trahison; mais jamais notre histoire révolutionnaire, jamais aucune autre histoire n'a offert au monde épouvanté un général conspirant lui-même l'extermination de l'armée qu'il commande, l'exposant par faibles portions à la rage de l'ennemi; ne multipliant les actions que pour multiplier les pertes; ne commandant la résistance que pour augmenter le carnage; enfin, noyant dans le sang de quatre-vingt mille Français sa propre réputation; c'est ce qu'a fait Pichegru; c'est ce que prouvent d'une manière irrésistible les pièces saisies par Moreau, déchiffrées par Moreau, publiées par Moreau au moment où il a accusé Pichegru de trahison. Et enfin en supposant qu'un simple particulier pût devant ses juges s'arroger le droit de s'élever contre la mesure salutaire adoptée en faveur des émigrés par le sénatus-consulte, dans cette supposition même, il est bien démontré que Pichegru *quittant* les conciliabules de Londres pour rentrer furtivement avec des assassins, ne pouvait être admis à réclamer la faveur accordée à un émigré auquel un acte solennel permet de revenir dans ses foyers;

Et, en dernière analyse, et d'après Moreau lui-même, que Moreau n'a pu, sans manquer aux devoirs les plus sacrés, recevoir le général Pichegru.

Mais je vais plus loin, et il est évident que Moreau a eu connaissance des projets de Pichegru, et qu'il a connu l'existence de la conspiration.

Ici, je ne suis embarrassé que par la multiplicité des preuves. Et d'abord on peut dire : puisque Moreau a vu, sur le boulevard, Pichegru et Georges, il sera déjà démontré, et par une conséquence nécessaire et forcée de l'existence du fait, que Moreau a eu connaissance de l'existence d'une conspiration.

L'arrivée de Pichegru, annoncée mystérieusement à Moreau par Lajollais, ces apparitions nocturnes de l'ex-général français, maintenant à la solde de l'Angleterre; disons-le, sa présence seule, au moment où nous étions en guerre avec les Anglais, au moment où tout se préparait pour une descente, devait, indépendamment de toute confidence ultérieure ou antérieure, annoncer au général Moreau un dessein hostile.

Mais ensuite, Georges est à Paris dans le même temps; il y est caché comme Pichegru, avec Pichegru; cette réunion, ne permettant pas la plus légère hésitation, proclamait, pour ainsi dire, le projet d'assassinat et l'existence d'une conspiration.

« Eh! comment cette arrivée de Pichegru; comment la présence de Georges à Paris; comment l'union, contre nature, de ces deux hommes, n'auraient-elles pas fait sur Moreau l'impression qu'elles ont faite sur la multitude? Certes, on n'a point oublié quelle était, dans les premiers jours de ventôse dernier, la situation de l'opinion. Travaillée par toutes les passions, elle était incertaine sur l'existence de la conspiration dénoncée : on se souvient aussi que l'incertitude cessa, et fit place à la plus entière conviction, au moment où Pichegru fut arrêté. Pour le public, la présence ainsi attestée du traître, fut la preuve de l'existence de la trahison, et lorsque l'arrestation de Georges eût enfin démontré qu'il existait depuis cinq mois à Paris, quel homme eût osé révoquer en doute la réalité d'une conspiration? Les hommes qui avaient jusqu'alors égaré l'opinion, furent condamnés au silence; et, pour le public, la présence de Pichegru à Paris, fut la preuve qu'un grand danger menaçait le gouvernement. Pourquoi donc ces circonstances, qui firent une impression si subite et si universelle sur la multitude, n'auraient-elles pas produit le même effet sur l'esprit du général Moreau ?

Le public n'avait point, comme Moreau, connaissance de faits antérieurs, qui, certes, excluaient jusqu'au moindre doute sur les projets de Pichegru et de Georges, et par conséquent sur l'évidence de la conspiration.

Ces projets, cette conspiration avaient été, long-temps auparavant, en frimaire dernier, annoncés à Moreau par son secrétaire Fresnières.

Voici ce que dit à ce sujet Lajollais (*voyez* le recueil des interrogatoires, page 77) : « Pendant le temps que Georges était encore ignoré » à Paris, il fit sonder Moreau par l'intermédiaire de Villeneuve, breton (*), il y a à peu près » deux mois. Ce Villeneuve, fort lié avec le secrétaire de Moreau, nommé Fresnières, s'adressa à celui-ci ; mais Villeneuve n'obtint de » la part de Moreau, par le canal de son secrétaire, que des réponses évasives ; on répondit » de sa part à Villeneuve, que lui (Moreau) était au plus mal avec le premier Consul ; qu'il » ne se porterait à aucun assassinat contre la » personne du consul ; mais bien à tout ce qui » serait nécessaire pour le bonheur de son pays ».

Et dans le second interrogatoire subi par Mo-

(*) Joyau, aide-de-camp de Georges.

reau devant le grand-juge, on lit ce qui suit (pages 6 et 7 du recueil des interrogatoires) :

« Interrogé si le citoyen Fresnières l'a prévenu, pendant les quatre premiers mois de cette » année, des conférences qu'il a eues dans le » même temps avec un des hommes de Georges; s'il lui a fait part de ce que Georges dési- » rait de lui général; si lui général l'a chargé de » porter à Georges une réponse de sa part ;

» A rédigé lui-même sa réponse, et l'a com- » muniquée ainsi qu'il suit :

» Il y a *quelques mois*, le citoyen Fresnières » me dit que quelqu'un qui lui avait dit l'avoir » connu à Rennes, mais que lui ne connaissait » pas, lui avait dit de *me demander* si, à raison » de l'oubli et de l'abandon où me laissait le » gouvernement, je ne voulais pas prendre d'en- » gagemens avec les princes français, de les ser- » vir dans le cas de changement qui pourrait sur- » venir dans le gouvernement. Je dis au citoyen » Fresnières : Si vous revoyez cette personne, » dites-lui que, si j'avais eu à servir les princes, » c'eût été quand j'étais à la tête des armées, où » l'on m'en avait déjà fait la proposition, et non » après les victoires des Français, le gouverne- » ment consolidé, et moi, simple particulier; » que cela était de la plus haute folie. Quelques

» jours après, le citoyen Fresnières me dit qu'on » était venu chercher ma réponse, et qu'il l'avait » rendue; mais on n'y parlait ni de Georges, ni » de qui que ce soit. Au surplus, le citoyen » Fresnières ne m'a jamais parlé de Georges; et » je ne l'ai jamais chargé, par conséquent, de lui » porter une réponse de ma part. »

Il est impossible de ne pas être frappé de l'accord parfait qui règne sur ce fait entre la déclaration de Lajollais et les aveux de Moreau; et si la vérité a dicté cette partie de la déclaration de Lajollais; si Moreau est obligé d'avouer que dès-lors Lajollais était parfaitement instruit des relations qui existaient entre lui (Moreau) et les chouans; si Lajollais est si exact et si vrai lorsqu'il parle d'un *ouï-dire*, comment pourra-t-on suspecter sa véracité, lorsqu'il parlera avec détail de ce qu'il a vu, de ce qu'il a entendu?

A l'aveu consigné par Moreau dans ce second interrogatoire, il faut ajouter ceux qui suivent:

Dans sa lettre au premier consul, Moreau avoue (page 17 du recueil), *qu'il lui a été fait quelquefois des ouvertures assez éloignées pour savoir s'il serait possible de le faire entrer en relation avec les princes français.*

Dans la même lettre, à l'occasion *de la cons-*

piration actuelle, et après avoir affirmé qu'*il n'y a jamais eu la moindre part*, il avoue cependant que des propositions lui ont été faites; car il dit (pages 17 et 18 du recueil) : « Quelque proposition qui *m'ait été faite*, je l'ai repoussée...... Et quand *on m'a présenté* les chances de la descente en Angleterre comme favorables à un changement de gouvernement, etc... De pareilles ouvertures faites à moi particulier, etc., etc. »

Dans sa confrontation avec Rolland (page 27 du recueil), Moreau dit : « Après avoir entendu Pichegru, qui me parla des ci-devant princes français et *des chances* que présentait la descente en Angleterre, et après lui avoir entendu dire que les formes monarchiques rétablies donnaient des espérances aux ci-devant princes, je lui répondis que les ci-devant princes n'avaient de partisans en France ou dans les armées, etc......

» Il est vrai que Rolland *me fut envoyé par Pichegru*; je lui parlai à peu près dans les mêmes termes. »

Dans le même procès-verbal, Rolland, interpelé de déclarer s'il persistait dans ses réponses et déclarations, déclare qu'il y persiste; et il ajoute, toujours en présence de Moreau : « Je

» dois observer qu'après avoir conféré avec le » général Moreau, lorsque l'ex-général Piche- » gru m'envoya chez lui, après qu'ils s'étaient » vus et avaient causé ensemble, lui ayant de- » mandé s'il croyait que *Pichegru* et les *per-* » *sonnes* DE SON BORD EUSSENT DES MOYENS » POUR RÉUSSIR, il me répondit : A vous dire » le vrai, je n'en crois rien. »

Le général Moreau interpellé de s'expliquer sur ce point, a dit : « Je ne m'en rappelle point, » mais c'est probable *par ce que c'est mon opi-* » *nion.* »

Si Moreau confesse qu'il avait dans ce temps-là une opinion sur les moyens et le but des complices de Pichegru, il était donc instruit de ces moyens, de ce but, et conséquemment de la présence de Georges à Paris, qui était le premier de tous les *hommes du bord de Pichegru.*

A ces aveux répétés dix fois par Moreau dans les débats, tous les bons esprits ajouteront les preuves qui sortent naturellement du mystère et de la clandestinité des rendez-vous : Moreau n'aurait pas pris toutes ces précautions s'il ne s'était agi entre Pichegru et lui que de faire rayer Pichegru de la liste des émigrés et des déportés.

Enfin, tous ces aveux, tous ces témoignages

sont couronnés par la déclaration de Rolland ; et puisque de cette déclaration il résulte, comme nous le démontrerons dans l'instant, la preuve que Moreau était le complice de la conspiration, à plus forte raison doit-il en résulter que Moreau a connu les desseins des conspirateurs.

« Le jour, dit Rolland (pages 60 et 61 du » recueil), où Pichegru avait eu avec Moreau la » conférence où mon cabriolet l'avait conduit, » Pichegru, de retour, me fit alors entendre » qu'il avait des projets bien différens de ceux » que je lui supposais. Il me dit avoir vu les » princes en Angleterre, être chargé de faire à » Moreau des ouvertures à cet égard, *avoir* » *causé de cet objet avec lui*, mais que n'étant pas » tombé d'accord, il me priait de le voir le len- » demain, de lui demander déterminément s'il » voulait conduire un mouvement royaliste ; où, » dans le cas contraire, *ses gens à lui* (*les* » *hommes du bord de* Pichegru, dont il est » parlé dans la confrontation) agissant, s'il vou- » lait s'engager à mettre l'autorité dont il se » trouverait investi, en des mains légitimes aus- » sitôt qu'il le pourrait.

» ...... Il fallut aller faire à Moreau la fameuse » ouverture.... Voici à peu près la réponse qu'il » me fit : *Je ne puis me mettre à la tête d'un*

» *mouvement pour les Bourbons. Ils se sont*
» *tous si mal conduits, qu'un essai semblable*
» *ne réussirait pas. Si Pichegru fait agir dans*
» *un autre sens*, etc., etc. »

Certes, il faut bien conclure que l'homme à qui l'on avait fait de pareilles confidences, et qui faisait d'aussi tranchantes réponses, a connu les projets des conspirateurs.

Et avant d'aller plus loin, il faut bien reconnaître qu'il est avoué que Moreau a reçu Pichegru chez lui deux fois ; il est démontré qu'il s'était précédemment trouvé avec lui et Georges sur le boulevard de la Madeleine ; il est en partie avoué et en partie démontré que précédemment encore, son secrétaire, Fresnières, lui avait fait, de la part de Joyau, ami et compatriote de Fresnières, et aide-de-camp de Georges, des propositions, et que, trois mois après, Pichegru, revenu d'Angleterre avec les sicaires de Georges, accueilli par Georges, et logeant chez lui, a fait à Moreau, qui l'avait vu quelques jours avant avec Georges, des ouvertures absolument semblables, et tendant au même résultat que les propositions que Joyeau lui avait fait faire par son ami Fresnières.

Il reste maintenant à démontrer que Moreau a lui-même trempé, pour ce qui pouvait lui convenir, dans les projets des conspirateurs.

Cette démonstration est devenue facile par tout ce qui est précédemment établi, et on pourrait même conclure de ce qui vient d'être dit, et de ce qui le précède, que Moreau a participé à tous ces complots, dont il est prouvé qu'il a eu connaissance.

La première preuve qui frappe tous les esprits, se tire du silence que Moreau a gardé.

Rappelons-nous le voyage et la mission de l'abbé David;

Le débarquement de Georges et d'une partie de ses complices vomis à la falaise de Bévile, par le capitaine Wright, de la marine royale d'Angleterre;

Un second débarquement au même lieu, d'une autre bande reçue par Georges;

Le voyage de Lajollais à Londres;

Enfin, un troisième débarquement où se trouvent Lajollais, Pichegru, le marquis de Rivière, Jules Polignac, etc.;

Tous accueillis par Georges, qui allait au-devant d'eux jusqu'à la côte; tous conduits par lui ou ses sicaires;

Marchant de nuit, comme des voleurs;

Ils arrivent à Paris.

Lajollais, parti à l'avance, annonce le débarquement de Pichegru, annonce bientôt son arrivée à Moreau, lui demande un rendez-vous, l'obtient;

Et sur le boulevard de la Madeleine Georges, Moreau et Pichegru se trouvent ensemble.

On n'a pas oublié les propositions faites par Fresnières: elles sont renouvelées par Pichegru, elles sont renouvelées par Rolland.

Cependant la présence de quelques-uns de ces brigands excite l'attention de la police;

Plusieurs d'entr'eux avaient été arrêtés;

A deux fois différentes la commission militaire instruit contr'eux;

Deux d'entr'eux sont fusillés, et emportent avec eux leur secret;

Un cinquième parle, c'est Querelle; il était du premier débarquement; il avait été arrêté quelques jours après être arrivé; il était en prison depuis près de quatre mois; cependant il annonce la *présence de Georges* à Paris;

Chose étrange! au moment où Moreau, Georges et Pichegru se trouvaient sur le boulevard de la Madeleine, le même jour, à la même heure et, pour ainsi dire, au même lieu arrivait Querelle, extrait du Temple avec Piogé et Desol, autres complices directs de la conjuration, et conduits à la commission militaire, rue des Capucines ; et au moment où le génie du mal réunissait les conspirateurs, la providence faisait passer à côté d'eux celui qui le lendemain devait dévoiler une partie du complot.

Quelques jours après, le journal officiel donne l'extrait de la déclaration de Querelle.

Certes, c'était un appel fait par le gouvernement à tous les bons citoyens, et une invitation à tous ceux qui pourraient avoir quelqu'indice sur la présence des brigands, d'aider les magistrats dans leurs recherches.

Du fond de la Bretagne et de plusieurs départemens de l'intérieur, arrivèrent à la police des renseignemens utiles, qui prouvèrent que l'appel du gouvernement avait été entendu.

Mais pendant que tous les bons citoyens, alarmés des suites d'un complot dont cet avis annonçait l'existence, éclairent à l'envi le gouvernement de tous les renseignemens qu'ils peuvent découvrir, de tous les rapprochemens qui sont à leur portée, le général Moreau qui sait tout, qui avait conféré avec Georges, avec Pichegru, qui connaît dans ses détails le but de l'exécrable mission dont l'Angleterre avait chargé Georges et Pichegru, Moreau reste tranquille et silencieux.

Il peut craindre, il doit craindre que ces bêtes féroces découvertes, poursuivies, désespérées, ne tentent un dernier coup, ne commettent l'assassinat dont ils lui demandaient le signal, et il garde le silence !..... Non, il n'est pas un homme impartial qui ne s'écrie que, dans une telle crise, ce silence est la preuve de la complicité.

Mais (dit Moreau), si j'avais parlé, on aurait pu arrêter Pichegru. Eh! c'est précisément pour cela que vous deviez parler.

Nous avons démontré que Pichegru était aussi bien le complice que le compagnon de voyage et le commensal de Georges; nous avons démontré que Moreau était instruit des projets de Georges et de Pichegru.... Dans quel pays, ou policé ou sauvage, osera-t-on dire: Je n'ai point voulu dénoncer celui que je savais être sur le point de bouleverser la société par un grand crime, parce que je ne voulais pas qu'il fût arrêté par suite de ma dénonciation.

Mais, dit Moreau, depuis dix ans, c'est une chose si vile que la dénonciation. Depuis dix ans !.... Le rire viendrait sur les lèvres, si l'indignation permettait qu'il y reposât... Depuis dix ans !... Pourquoi fut-elle vile en l'an V? parce qu'elle fut tardive, parce qu'elle ne fut faite qu'après que la victoire fut demeurée au gouvernement contre Pichegru, parce qu'elle ne fut faite que le 19 fructidor; elle fut vile, par ce qu'il était facile de voir, parce que les lacunes qui annoncent des suppressions dans les pièces saisies démontrent que c'était le complice qui abandonnait le principal accusé, et qui ne le dénonçait que lorsqu'il était dans les fers. En un mot, elle fut vile, parce qu'elle fut lâche. Mais dans les beaux temps de la république romaine, comme au moment où Catilina voulait l'anarchiser, dans tous les lieux, la dénonciation qui a empêché un crime particulier, a été honorée, encouragée; la dénonciation qui a empêché un délit public, a obtenu des actions de grâces, des couronnes et des autels.

Mais, dit Moreau, je n'avais pour preuve que des conversations, des confidences; elles pouvaient être niées, et par ma dénonciation je m'exposais à passer pour un calomniateur!!!

Mais n'y a-t-il donc qu'une seule manière d'avertir l'autorité du danger qui la menace; et faut-il que la dénonciation d'un fait grave soit toujours officielle, publique, et faite devant les tribunaux? Moreau ne savait-il pas mieux que personne, que *des renseignemens confiés* suffisaient pour mettre la police sur la voie, et pouvait-il, en l'an XII, se dispenser de faire, lorsque les preuves étaient plus fortes, moins qu'il n'avait fait en l'an V, lorsqu'il a *prévenu confidentiellement le directeur Barthélemi* (*) ? Eh ! quand le gouvernement faisait part au public de ses inquiétudes, et annonçait le commencement de ses découvertes, vous qui connaissiez toute la grandeur du danger, toutes les vues des conspirateurs, les chefs, les agens et les moyens de la conspiration, ne pouviez-vous pas vous approcher du grand-juge, ou même du chef du gouvernement, et leur confier, sans crainte de vous compromettre, et sans vous exposer aux reproches de calomnie, une partie de ce que vous saviez, confirmer le fait de l'existence, seulement soupçonnée, de Georges à Paris, et annoncer la présence de Pichegru; vous auriez, sans inquiétude, sans danger, sans vous exposer à l'action de calomnie, assuré la tranquillité publique, et empêché ces brigands, déchaînés par l'Angleterre, ces brigands dont vous aviez vu les poignards, de consommer leur horrible assassinat.

Je ne dirai donc point : Vous êtes coupable, parce que vous n'avez pas dénoncé : mais votre silence, après les confidences que vous avouez

(*) Voyez la lettre au premier consul, page 13 du recueil des interrogatoires.

vous avoir été faites par l'agent de l'Angleterre et des princes réfugiés en Angleterre, par l'homme que vous avez vous-même dénoncé en l'an V comme traître à sa patrie, votre silence est une des plus fortes preuves qu'on puisse donner de votre complicité.

Une autre preuve de la complicité de Moreau se tire et de ses premières dénégations dont il a enfin reconnu la fausseté, et de celles dans lesquelles il a persisté et qui ont été démontrées fausses.

Moreau savait que Georges et sa bande, que Pichegru étaient à Paris; il connaissait leurs projets; et il déclare qu'il n'a vu ni Georges, ni Pichegru, qu'il ne soupçonne leur existence à Paris que par les bruits publics, par les arrestations déjà faites, et par les journaux! Il persiste pendant plus de vingt-trois jours dans ces dénégations! Ces dénégations pouvaient laisser le gouvernement dans une sécurité fatale, s'il n'avait obtenu d'ailleurs de salutaires révélations; ces dénégations pouvaient, en conséquence, laisser commettre l'attentat dont les brigands avaient conçu le projet, et dont ils devaient alors ressentir le besoin; cependant Moreau persiste dans ses dénégations.

Enfin, il écrit au premier consul.......

Qui ne croira que cette lettre est l'effusion d'un cœur franc et généreux, qui, après avoir nié dans des interrogatoires, se décide à une démarche loyale envers le chef du gouvernement! Qui ne croira qu'il va lui donner des lumières sur les dangers dont il est environné?... Eh bien! cette lettre ne dit pas un mot de Georges, ni de la présence de Pichegru à Paris. Moreau insinue seulement qu'il peut avoir à se reprocher..... des *imprudences !!!* mais il ne parle ni des entrevues de Pichegru, ni de la conférence de Rolland, qu'il a avouées depuis devant les juges.

Nous avons anéanti tous les prétextes dont il a essayé de colorer son silence et ses dénégations; il n'y a plus qu'un moyen de les expliquer, et la raison le trouve dans la crainte de s'accuser en accusant les autres, et par conséquent dans la complicité.

Enfin, cette complicité est prouvée avec une accablante évidence par la déclaration de Rolland.

A ce nom, je vois les défenseurs de Moreau, Moreau lui-même se lever et essayer de démontrer que ce témoin ne mérite aucune confiance.

Bonnet, à l'audience, Bonnet, Belard et Perignon dans leur *mémoire* prétendu *justificatif du général Moreau*, ont osé annoncer que Rolland pouvait n'être qu'un vil délateur qui aurait *rêvé* une fausse accusation pour mériter un grand salaire; et la preuve de cette supposition c'est que pendant que *tous* les autres accusés ont été jetés dans les prisons du Temple, Rolland, *provocateur* de Moreau, et par conséquent plus coupable, a été mis à l'Abbaye.

Les trois défenseurs ajoutent que *Rolland ne peut pas être cru, parce qu'il est co-accusé, parce qu'il est suspect, parce qu'il ne présente point de preuves, parce que la vraisemblance le dément, parce qu'il ne dépose que de paroles fugitives, trop susceptibles d'altération.*

Et ils ont la bonne foi d'expliquer les motifs des *injures* dont ils l'accablent, en ajoutant que toutes les preuves de la conspiration reprochée à Moreau, consistent dans la déclaration de cet accusé.

Il est malheureux et pour Moreau et pour la loyauté de ses défenseurs, que ces soupçons, ces insinuations, ces injures ne soient publiés qu'après d'inutiles tentatives faites auprès de Rolland pour l'engager à revenir sur sa déclaration où à la modifier; car enfin il faut que le public sache que MM. Bellard, Bonnet et Pérignon se sont transportés en corps, dimanche 14 prairial, à 6 heures du soir, chez le défenseur de Rolland; et que le résultat de cette conférence, dont on ne connaît pas les détails, a été que Guichard, défenseur de Rolland, s'est transporté auprès de son client pour en obtenir une explication atténuante; explication à laquelle Rolland a refusé de se prêter, parce qu'elle était contraire à la vérité.

Il est présumable que si Rolland eût accordé l'explication, c'est-à-dire que *s'il eût menti* pour me servir de l'expression du mémoire, MM. Bonnet, Bellard et Pérignon auraient invoqué son témoignage, comme étant celui d'un ami sincère de la vérité; et qu'ils ne l'accusent de mensonge que parce qu'il n'a pas voulu se prêter à celui dont, pour parler le langage des trois défenseurs, *on lui a insinué l'idée.*

Il faut que le public sache aussi que les défenseurs de quelques-uns des brigands couverts de sang, qui sont sur les bancs, avaient tellement effrayé le faible Guichard, défenseur de Rolland, qu'ils l'avaient presque déterminé à abandonner la défense d'un homme qui ne savait que persister à être vrai; et si Guichard, dans un examen sévère de la conduite de son client, n'eût retrouvé la conviction de son innocence, on aurait vu Georges, Joyau et autres scélérats impliqués dans l'affaire de nivôse, accusés d'assassinat, trouver des défenseurs, même des panégyristes ; et Rolland, abandonné du sien, parce que, dans la supposition de ces messieurs, il aurait contribué, par ses témoignages, à démasquer les assassins, et à convaincre les coupables.

Rolland, disent les trois défenseurs, ne doit pas être cru, parce qu'il est *co-accusé !*..... Et où voulez-vous trouver des témoins d'une conspiration ailleurs que parmi les complices des conspirateurs? Ouvrez les fastes de l'histoire, et vous trouverez à chaque page la réponse à votre anarchique assertion. Où trouver au contraire un témoin plus impartial que dans l'homme accusé du même délit, dans celui que vous estimez assez pour lui avoir confié vos projets, votre crime!

La vraisemblance le dément! Eh! qu'importe, si l'invraisemblance est la vérité!

Mais Rolland ment, disent les défenseurs, car il a varié dans une partie de sa déclaration.

Le fait est faux ; et les débats, recueillis par les sténographes, feront justice du mensonge des trois défenseurs. Rolland a persisté dans tout ce qu'il avait déclaré.

Mais est-ce bien aux défenseurs de Moreau,

est-ce à Moreau lui-même qu'il convient de parler de variation? Est-ce à celui qui avoue aujourd'hui qu'il a menti pendant plus d'un mois, non pas seulement dans des interrogatoires, mais dans une lettre de confiance au premier consul, sur des faits graves qu'il est obligé d'avouer aujourd'hui? Est-ce un tel homme qui peut reprocher à son co-accusé une variation légère qui, dans la supposition de ses défenseurs, ne frapperait que sur une circonstance indifférente, et qui dans le fait n'existe pas?

Quis tulerit Gracchos, etc.

Mais Rolland est un vil délateur qui a fait une fausse déclaration pour mériter un grand salaire; et la preuve de cette supposition se trouve, selon les trois défenseurs, dans les distinctions dont Rolland a été l'objet.

Si je me servais de la logique des trois défenseurs, je dirais que cette phrase n'est pas dans leur mémoire, et pour le prouver je dirais qu'il est invraisemblable qu'une aussi impudente injure ait pu être signée.

Je demanderais ensuite à ces défenseurs auprès de qui un faux accusateur, un simple accusateur mérite par une accusation un grand salaire;

Qui aurait, dans leur opinion, payé ce salaire.

Et, si c'est en récompense de sa délation que Rolland a été plus ou moins bien traité en prison, je prierais ces messieurs de vouloir bien dire par quels ordres Rolland aurait été reçu dans telle prison plutôt que dans telle autre, et traité avec plus ou moins de sévérité par le concierge.

J'abandonne, au reste, ces réflexions à M. le procureur général de la cour; mais je ne puis me dissimuler que, sous l'ancien régime, un avocat qui aurait osé imprimer d'aussi graves injures aurait été rayé du tableau et interdit à perpétuité.

Ils *mentent* les trois défenseurs, lorsqu'ils disaient que *tous* les accusés étaient au Temple. Lajollais était à la Force avec beaucoup d'autres complices; Rolland, d'abord renfermé à Sainte-Pélagie, fut ensuite renfermé dans l'Abbaye avec trente autres co-accusés de la conspiration, dont le Temple ne pouvait contenir tous les complices directs ou indirects.

On a arrêté Rolland, parce qu'on avait vu entrer et séjourner chez lui deux hommes, que l'on avait, avec raison, soupçonnés être Pichegru et Lajollais.

On a interrogé une seconde fois Rolland, parce qu'une conversation entendue a été révélée à la police.

La preuve que Rolland a dit la vérité, se tire d'abord de vos frayeurs, de vos démarches, de vos intrigues, de vos suggestions et de vos injures, et ces preuves-là ne sont pas les moins puissantes pour la conviction des hommes qui connaissent le cœur humain.

Elle se tire de l'époque où sa déclaration a été faite, de la peine qu'on a eue à l'obtenir, de l'amitié qui unissait le témoin à celui dont il parle, qu'il excuse, et dont il rappelle, avec l'accent de la vérité et de la douleur, les services et les hauts faits.

Pichegru n'était point arrêté; il pouvait l'être, il pouvait s'échapper; et, dans l'une et l'autre supposition, Pichegru était en situation de démentir les faits qui le concernaient, et Pichegru confronté, n'a rien nié.

Interpellé de déclarer s'il a des observations à faire sur les faits rapportés par Rolland, Pichegru répond: *Aucune.* Sur l'observation à lui faite qu'il reconnaît donc pour vrai tout ce qu'a dit Rolland, il répond sèchement : *Pas du tout* (pag. 177 et 178 du recueil des interrogatoires). Est-ce ainsi que Pichegru se serait borné à nier simplement, si les déclarations de Rolland n'étaient qu'un tissu d'impostures fabriquées pour un salaire ?

La vérité de cette déclaration se tire de la situation dans laquelle, en la faisant, se plaçait l'accusé lui-même; et il est certain qu'il était non le *provocateur de Moreau*, ce qui ne s'entend guère, et ce qui n'est pas vrai; mais le confident d'une conspiration, dans laquelle il a joué un rôle important, dont le succès lui eût été utile, dont il s'est avoué le complice en ne la dénonçant pas.

Vous n'osez pas nier la totalité des faits que ces longs interrogatoires ont révélés, parce que ces faits sont reconnus, parce que la plupart sont avoués par vous, par Lajollais, par Couchery. Ainsi, vous avouez aujourd'hui les visites de Pichegru, rue d'Anjou, les visites nocturnes d'hommes, qui abandonnent dans une rue voisine la voiture qui les conduit, pour pouvoir entrer sans bruit, et sans que le numéro du cabriolet puisse être reconnu par les hommes de la police, dont Moreau, à l'audience, se plaignait d'être observé : ainsi, ce cabriolet prêté, Fresnières conduisant Pichegru chez Moreau dans ce cabriolet, et mille autres détails sont avoués par vous, par Lajollais, par Couchery.

Et, ou toutes les règles de l'analogie et même de la logique sont fausses, ou il faut conclure de tous ces faits, reconnus vrais, que Rolland a dit sur tout le reste la vérité.

De tout ce qui est révélé par cet interrogatoire, Moreau ne nie qu'un fait, et c'est la conversation. Il la nie! J'ai tort de le dire; car si les défenseurs ont nié, Moreau avoue cette conversation; il l'avoue, car il l'explique, il la parodie: et ces aveux, ces parodies, soit qu'on les trouve dans le mémoire de ses défenseurs, soit qu'on les ait recueillies aux débats, ne sont que la répétition de ce que Moreau a lui-même dicté en présence de Rolland, et lorsqu'après avoir bien médité sur l'interrogatoire de celui-ci, il eut rédigé la réponse qui a été portée sur le procès-verbal de confrontation.

Voici donc la déclaration de Rolland (*voyez* pages 60 et 61 du recueil des interrogatoires):

« Je rentrai chez moi vers les dix heures du » soir, le jour où Pichegru avait eu, avec Moreau, la conférence où mon cabriolet l'avait » conduit; Pichegru, de retour, me fit alors entendre qu'il avait des projets bien différens de » ceux que je lui supposais. Il me dit avoir vu les » princes en Angleterre, être chargé de faire à » Moreau des ouvertures à cet égard, avoir cau-

» sé de cet objet avec lui, mais que n'étant pas » tombés d'accord, il me priait de le voir le len- » demain, de lui demander déterminément s'il » voulait conduire un mouvement royaliste, ou, » dans le cas contraire, ses gens à lui agissant, » s'il voulait s'engager à mettre l'autorité, dont » il se trouverait investi, en des mains légitimes, » aussitôt qu'il le pourrait.

» Je ne sais si Pichegru s'aperçut de l'effet que » produisit sur moi cette ouverture ; j'allais sans » doute balbutier quelques observations......

» Dans le jour, cependant, il fallut aller faire » à Moreau la fameuse ouverture à laquelle je » n'osai plus me refuser. J'espérais, je ne sais » pourquoi, que ce général me tirerait d'embar- » ras. Voici à peu près la réponse qu'il me fit. » Je ne puis me mettre à la tête d'aucun mouve- » ment pour les Bourbons ; ils se sont tous si mal » conduits, qu'un essai semblable ne réussirait » pas. Si Pichegru fait agir dans un autre sens, et » en ce cas, je lui ai dit qu'il faudrait que les con- » suls et le gouverneur de Paris disparussent ; je » crois avoir un parti assez fort dans le sénat pour » obtenir l'autorité : je m'en servirai aussitôt pour » mettre tout son monde à couvert ; ensuite de » quoi l'opinion dictera ce qu'il conviendra de » faire ; mais je ne m'engagerai à rien par écrit. »

» Il me dit, en outre, dans la conférence,
» que depuis la première ouverture de Pichegru, il avait parlé à plusieurs de ses amis. »

Voilà ce que Rolland a entendu; et si, comme je l'ai démontré, le témoin n'est pas suspect; s'il était véritablement l'ami de celui que sa déclaration accuse malgré lui; si le témoin n'avait aucun intérêt à faire cette déclaration, et si le résultat de cette déclaration est de s'impliquer lui-même dans la conspiration, et de le conduire à l'échafaud, il faut bien, en dépit de tous les sophismes des défenseurs, convenir que cette déclaration contient vérité; et si toutes les autres parties de cette longue déclaration sont reconnues pour vraies par Moreau, par Lajollais et par leurs défenseurs, il faut bien croire que la dernière partie n'est attaquée que parce qu'elle accuse un crime qu'il est impossible d'excuser.

On peut ajouter que la preuve de la véracité de Rolland dans cette partie de sa déclaration, se tire sur-tout de la parodie faite par Moreau de cette même déclaration.

A la confrontation, Moreau répond (pages 27 et suivantes du recueil des interrogatoires):

« Après avoir entendu Pichegru, qui me parla
» des ci-devant princes français, et des chances

» que présentait la descente en Angleterre, et » après lui avoir entendu dire que les formes » monarchiques rétablies, donnaient des espé» rances auxdits ci-devant princes, je lui répon» dis que les ci-devant princes français n'avaient » de partisans en France, ni dans les armées, ni » dans les autorités constituées, ni parmi les ci» toyens, qui étaient presque tous acquéreurs » de biens nationaux, et moi le premier, puis» que j'étais propriétaire d'une terre qui avait » appartenu au prétendant.

» J'ajoutai que le gouvernement était tellement » consolidé, que vouloir l'attaquer, serait la plus » haute folie. Telle fut la fin de ma conversation.

» Il est vrai que le lendemain, Rolland me fut » envoyé par Pichegru; je lui parlai à peu près » dans les mêmes termes.

» Rolland me demanda si je n'avais pas moi» même des prétentions à l'autorité; ma réponse » fut, que ce serait encore une autre folie; que » depuis près de trois ans j'avais quitté l'armée; » que ma société se bornait à une douzaine d'a» mis très-paisibles; que je ne voyais ni séna» teurs, ni tribuns, ni conseillers d'état, ni mi» litaires, à l'exception de mes aides-de-camp, » en un mot, aucun membre des autorités; que » pour que j'eusse des prétentions, il faudrait voir

» disparaître la famille de Bonaparte, les con-
» suls, le gouverneur de Paris, la garde des con-
» suls, etc.; qu'au surplus, si j'ambitionnais ja-
» mais du crédit, ce serait pour rendre ser-
» vice à Pichegru, et le faire rentrer dans son
» pays. »

Il est évident que la parodie de Moreau ne s'accorde avec aucun des faits avoués soit par lui, soit par ses complices, ni avec aucun des faits démontrés par l'instruction.

La parodie faite par Moreau ne l'a été (le procès-verbal en fait foi) qu'après un mûr examen, qu'après qu'on lui a lu, qu'après qu'il a relu lui-même et qu'après qu'on lui a encore relu le second interrogatoire de Rolland (*).

Est-ce ainsi que se défend l'innocence? et la vérité a-t-elle besoin de tout cet apprêt? Si ce que dit Rolland n'eût pas été la vérité, n'est-il

(*) Qu'on observe l'effet que produisent les prétendues impostures de Rolland sur les deux personnes dont il a été l'intermédiaire. Pichegru, quand on lui en fait lecture, dit froidement qu'il n'a *aucune* réponse à y faire, sans ajouter la moindre expression de ce mépris, de cette indignation, qui étaient si naturels, si Rolland eût été un imposteur à gages. Moreau, de son côté, relit une seconde fois la déclaration, on lui en fait une troisième lecture, alors il prend la plume pour rédiger sa réponse. Est-ce là la manière dont on est affecté à la lecture d'un roman de calomnies infâmes?

pas évident qu'au lieu de cette explication entortillée, péniblement travaillée, dans laquelle Moreau enchasse avec une extrême précaution quelques-unes des expressions dont Rolland s'était souvenues; n'est-il pas vrai, dis-je, qu'au lieu de cette froide rédaction, l'indignation aurait suggéré à Moreau un démenti formel, et que sa mémoire lui aurait, au premier mot, et sans avoir besoin de seconde ni de troisième lecture, rappelé et la conférence et les expressions (*)? Moreau fit alors comme il avait fait sur l'interpellation relative au message dont Fresnières avait été chargé. Il chercha à expliquer, par une réponse rédigée par écrit, et avec réflexion, ce qu'il voyait bien qu'il ne pouvait plus nier.

Mais cette explication constate trois choses importantes : la conférence, le but de la conférence et les expressions essentielles de la phrase entendue par Rolland.

Ainsi, ce qui fut nié si long-temps est enfin avoué. D'abord, Pichegru a fait à Moreau des ouvertures, des propositions tendantes à renver-

(*) Cette faute a été sentie, car l'indignation a été employée à cette occasion, mais malheureusement ce n'est que trois mois après la question faite et dans un mémoire bien froid, et par les trois défenseurs.

ser, au profit des Bourbons, le gouvernement actuel; et Rolland *envoyé par Pichegru* (*voyez* page 27 du recueil) a renouvelé à Moreau les propositions que lui avait faites Pichegru.

Rolland a représenté à Moreau les propositions de Pichegru, et Moreau avoue qu'il a été question dans cette conférence de ses prétentions personnelles à l'autorité.

Enfin, Moreau convient qu'il a dit: *Pour que j'eusse des prétentions, il faudrait voir disparaître la famille de Bonaparte, les consuls, le gouverneur de Paris, la garde des consuls* (*voyez* le recueil, pages 27 et 28).

Voila ce que Moreau, après avoir bien mûrement réfléchi, avoue dans sa confrontation avec Rolland.

Il est vrai que depuis, ses trois défenseurs qui ont vu quelles armes terribles fournissaient contre Moreau ces aveux faits sans leur permission, les ont niés, et ont même prétendu qu'ils étaient très-ridicules.

Pourquoi, par exemple, disent-ils avec une feinte ingénuité, Moreau n'aurait-il fait disparaître que le gouverneur? N'y avait-il donc plus ajoutent-ils, d'autres généraux pour le remplacer, et les armées, etc., etc.?

Je leur répondrai que de toutes les parties

qui composaient le plan de cette infernale conspiration, celle dont il s'agit, était certes la mieux conçue et la plus mûrement calculée dans le sens du crime. La mort seule du premier consul ne suffisait pas, parce que l'administration continuait à marcher sous la direction des deux consuls, et parce que la garnison de la capitale continuait, sous les ordres du gouverneur, à protéger leur existence.

Mais le premier consul assassiné, si le gouverneur de Paris disparaissait, qui oserait nier que le perfide Moreau n'eût fait alors parler ses créatures ; que les Georges, les Rivières, les Polignac, n'eussent fait, de leur côté, soulever leur gens ; que les hommes de l'Angleterre et les esclaves des Bourbons n'eussent grossi la foule, et qu'il ne fût parvenu à se mettre bientôt à la tête de la garnison abusée ?

Les conséquences de ces suppositions sont aussi faciles à saisir qu'épouvantables, et nul homme raisonnable ne peut douter que Moreau, bien connu seulement depuis l'instruction de ce grand procès, que Moreau qui avait jusqu'alors si heureusement joué la modestie et le désintéressement, trompant une partie du sénat, et intimidant l'autre partie, passant sur le cadavre du premier consul, ne fût arrivé à la suprême puissance que Georges et Pichegru lui auraient seuls disputée.

Si Bouvet voulait dire tout ce qu'il sait, le public apprendrait que Moreau ne voulait pas même prendre tant de précaution : Un *faux sénatus-consulte*, fabriqué au milieu de la nuit, publié à la pointe du jour, quelques coups de canon tirés, quelques postes importans occupés, et Moreau triomphait.

Son triomphe n'eût été que d'un jour ; les armées bien instruites, et les Français revenus de l'erreur, eussent brisé cette idole des mécontens et de l'étranger; mais le sang qu'il eût fait répandre; mais les maux sans nombre, qui eussent été la suite de cette secousse épouvantable, font frémir l'imagination.

Mais je laisse là et les défenseurs et leur mémoire vraiment accusateur, et je reviens aux aveux de l'accusé.

Lors de sa confrontation avec Rolland, et à l'audience, il a donc bien avoué que Pichegru lui avait fait des ouvertures pour l'intérêt des Bourbons.

Sa déclaration s'accorde avec celle faite par dix accusés, qui annoncent, avec une rare franchise, qu'ils n'étaient venus que pour placer les Bourbons sur le trône.

Moreau est d'accord sur ce point avec Rolland.

Moreau déclare qu'il a rejeté ces propositions.

Cela est possible, cela est présumable.

Mais n'a-t-il fait que refuser?

Pichegru, Lajollais, Rolland, les Polignac, Bouvet et autres, disent le contraire ; et le propos de Pichegru, cité par Lajollais : *Ce B......là a aussi de l'ambition, il veut régner, etc.*; la déclaration de Bouvet, non rétractée en cette partie, que *Moreau change de résolution*, qu'il *veut la dictature*; la mauvaise humeur de Georges, tout prouve, avec évidence, que le refus de Moreau a été celui dont parle Pichegru, dont parle Rolland, dont parle Lajollais, dont parle Bouvet dans leurs interrogatoires faits sans qu'ils aient pu se concerter ni s'entendre : c'est le refus de faire la contre-révolution immédiatement pour les Bourbons, et le *consentement donné formellement par Moreau* au renversement du gouvernement actuel, la provocation au meurtre des premières autorités, avec l'intention bien manifestée, par ce général, de se saisir alors provisoirement de l'autorité.

C'est sur ce point seulement que Rolland cesse d'être d'accord avec Moreau; mais Rolland a pour lui les témoins, la vraisemblance et les faits.

En effet, nous avons à l'appui de cette vérité l'indignation de Bouvet, la colère de Georges, la désolation des conjurés, qui vont même jusqu'à soupçonner Pichegru de s'entendre avec Moreau pour tromper les royalistes ; nous ajoutons la mission, non contestée, donnée à Rolland, et la conférence du lendemain.

C'est pour Pichegru qu'il se présentait ; il a donc fait les mêmes propositions, et puisqu'il a essuyé les mêmes refus, il a dû se trouver dans la même situation et revenir, comme lui, convaincu que *ce B..... là avait aussi de l'ambition, et qu'il voulait régner.*

C'est à cette occasion, et ce ne peut être que dans ce sens, que Rolland a reçu cette sanglante confidence qui, si nous voulons en croire les trois défenseurs de Moreau, leur a fait dresser les cheveux, et que Moreau a parodiée d'un très-grand sang-froid, mais aussi de manière qu'elle est en dissonnance parfaite avec les faits, et en contradiction complète avec l'hypothèse dans laquelle Moreau prétend l'avoir faite.

On m'a parlé, dit Moreau, de mes prétentions personnelles à l'autorité, et c'est en répondant à ce que l'on me disait à ce sujet, que j'ai dit, que pour que j'eusse des prétentions, il faudrait voir disparaître la famille de Bonaparte, les consuls, le gouverneur de Paris, la garde des consuls, etc. Cet *et cœtera* est remarquable.

Ainsi Rolland et Moreau sont d'accord sur un fait, savoir que Moreau a dit, dans des termes plus ou moins précis, *il faudrait que les consuls et le gouverneur de Paris disparussent.* Et si on voulait suivre la version de Moreau, il aurait dit davantage, et non content de faire disparaître Bonaparte, il aurait voulu faire disparaître aussi sa famille; et au meurtre du gouverneur de Paris, il aurait ajouté le massacre de la garde des consuls. Ainsi, loin de nier cette partie de la déclaration de Rolland, Moreau semble vouloir y ajouter.

En quoi donc Moreau diffère-t-il de Rolland?

Si l'on en croit Rolland, ces paroles de Moreau sont la suite d'une phrase plus longue, dont il se rappelle d'autant plus fidèlement les expressions, que le sens lui avait causé plus d'effroi : « Je ne puis me mettre à la tête d'aucun mou- » vement pour les Bourbons, etc. ; si Pichegru » fait agir dans un autre sens (celui des préten- » tions personnelles de Moreau), et en ce cas, » je lui ai dit qu'il faudrait que les consuls et le » gouverneur de Paris disparussent; je crois a-

» voir un parti assez fort dans le sénat pour ob- » tenir l'autorité. »

Si l'on en croit Moreau, ces mots auront été la réponse à une question que Rolland aurait faite de son chef à Moreau, en lui demandant s'il n'avait pas, lui Moreau, des prétentions à l'autorité, en supposant que Bonaparte pérît, soit naturellement, soit lors de la descente; que sa réponse fut : Que ce serait une autre folie; qu'il ne voyait ni sénateurs, ni tribuns, etc.; que, pour qu'il eût des prétentions il faudrait voir disparaître la famille de Bonaparte, les consuls, le gouverneur de Paris, la garde des consuls, etc., etc.

Quel est celui des deux qui dit la vérité? c'est sans doute, et Moreau ne nous démentira pas, celui qui n'aura pas dit une chose ridicule.

Or, il est facile de prouver qu'appliquée à la question que Moreau met dans la bouche de Rolland, cette réponse est absurde, qu'elle manque absolument de sens et de raison par rapport à la question.

Quelle était alors la situation des choses?

Le premier consul était nommé à vie; mais sa famille était aussi étrangère au système d'alors qu'aurait pu l'être la famille des deux autres consuls; ses frères n'avaient aucune prérogative, et si une maladie ou un boulet avait enlevé le premier consul, il est clair que Moreau pouvait faire alors valoir très-ouvertement, sans encourir le moindre blâme, ses *prétentions à l'autorité*, sans faire disparaître la famille entière du premier consul.

Dans la même hypothèse très innocente, pourquoi faire disparaître les deux consuls ? Les services rendus par eux, leurs connaissances administratives, leur coopération au système de Bonaparte les auraient présentés comme des concurrens ; mais Moreau avait aussi pour lui de grands services, de grandes actions, une réputation, une gloire militaires : je ne sais pas si le sénat eût été embarrassé dans le choix ; mais peut-être alors Moreau se serait-il dit à lui-même qu'il n'était pas nécessaire de les faire *disparaître* pour obtenir la première place.

Dans cette hypothèse encore d'une mort naturelle ou glorieuse du premier consul, et d'une élection, pourquoi donc, lui aurait dit Rolland, faire disparaître le gouverneur de Paris? Le système du gouvernement qui existait alors, ne lui accordait aucune prérogative ; il était devant le sénat, simple candidat, dont on aurait apprécié les prétentions et comparé les droits aux droits des autres concurrens.

Enfin, dans cette hypothèse encore, se serait écrié Rolland : Pourquoi faire disparaître la garde des consuls ? à quel propos ? En quoi peut-elle, dans le cas dont nous parlons, nuire à vos prétentions ? Et Rolland aurait pu trouver ici, non-seulement quelque chose de ridicule, mais vraiment une inconséquence bizarre, et une sorte d'égarement dans les idées.

Et attendu que de ces courtes observations, il résulte évidemment que les paroles qui, de l'aveu de l'un et de l'autre, ont été prononcées, appliquées à la question que Moreau place dans la bouche de Rolland, seraient ridicules, bizarres et sans aucun sens, il faudra bien que Moreau tire avec moi la conclusion que ce n'est point cette version qu'il faut adopter.

Il faut donc en revenir à celle de Rolland, parce qu'elle s'accorde parfaitement avec la raison, avec les faits avoués, avec les faits démontrés, soit antérieurs, soit postérieurs à cette conversation.

En effet, que résulte-t-il de ces faits avoués ou démontrés ? Il résulte, en dernière analyse, que Georges et sa bande, que sur-tout Pichegru, Rivière et les Polignac, ne sont arrivés en France, que Bouvet ne s'est mêlé de cette affaire, que Lajollais n'a fait ses différens voyages, et que tous n'ont conçu le projet de renverser le gouvernement français et de rétablir les Bourbons, que parce qu'ils savaient, ou parce qu'ils étaient persuadés que Moreau était entré dans le complot, et devait les aider de tous ses moyens ;

Qu'arrivés en France, Moreau leur a manqué de parole, ou n'a pas répondu à leur attente et à ce qu'on leur avait promis en son nom ;

Que des explications ont eu lieu ;

Que de ces explications ont résulté l'hésitation, les dissentions et la désolation parmi les conspirateurs (*).

Georges et Pichegru voient Moreau, et ne peuvent le faire changer de résolution.

Moreau persiste à ne vouloir rien faire immédiatement pour les Bourbons. Il veut d'abord prendre l'autorité, pour la remettre ensuite aux Bourbons, mais à une époque indéterminée.

Pichegru obtient une troisième conférence, et en revient bien convaincu que Moreau veut régner.

Il lui dépêche Rolland, leur ami commun, pour connaître enfin ses dernières intentions, et pour obtenir de Moreau qu'il veuille au

(*) Bouvet de Losier, page 39 du recueil.

moins fixer le terme auquel il remettra l'autorité entre les mains des Bourbons.

Moreau avoue que Rolland vint le trouver de la part de Pichegru.

Moreau avoue qu'il lui a renouvelé les propositions faites la veille par Pichegru.

Rolland *va lui faire la fameuse ouverture*, et voici, d'après Rolland, la réponse de Moreau à cette ouverture : « Je ne puis me mettre » à la tête d'aucun mouvement pour les Bourbons ; ils se sont tous si mal conduits qu'un » essai semblable ne réussirait pas. Si Pichegru » fait agir dans un autre sens, et, en ce cas, je » lui ai dit qu'il faudrait que les consuls et le gouverneur de Paris disparussent, je crois avoir un » parti assez fort dans le sénat pour obtenir l'autorité : je m'en servirai aussitôt pour mettre » son monde à couvert ; ensuite de quoi, l'opinion dictera ce qu'il conviendra de faire ; » mais je ne m'engage à rien par écrit ».

Et Moreau, lors de sa confrontation avec Rolland, et lorsque celui-ci lui rappelle, qu'à la suite de leur conversation, lui ayant demandé s'il croyait *que* PICHEGRU *et les personnes de* SON BORD eussent des moyens pour réussir, Moreau lui répondit : *A vous dire vrai, je n'en crois rien*. Moreau, sommé de s'expliquer sur ce fait, répond : *Que c'est probable, parce que c'était son opinion.*

Cette réponse se lie aux faits qui précèdent, se rattache aux faits qui suivent. La réponse et les faits s'expliquent mutuellement.

Car enfin Moreau convient qu'après cette conférence, Rolland vint lui annoncer son départ et lui apporta l'adresse de Lajollais, afin quelle pût lui servir, s'il avait quelque chose à lui faire dire.

Et certes, si la réponse de Moreau eût été un refus, quel besoin pouvait-il encore avoir de l'adresse de Lajollais ? Dans la version de Rolland, cette adresse est nécessaire ; car la réponse de Moreau n'est pas définitive ; et Fresnières alla le lendemain, de la part de Moreau, trouver Pichegru réfugié chez Lajollais.

Ainsi la déposition de Rolland est fondée sur la vérité ; et Moreau, ne prenant de cette conspiration que ce qui convenait à son ambition, a voulu se servir de Georges et de Pichegru pour faire disparaître les trois consuls et le gouverneur de Paris.

Ainsi, en dernière analyse, Moreau s'est associé à Pichegru, à Georges et à sa bande, pour renverser, au profit de son ambition, le gouvernement ; et par le fait et en définitif, rétablir le trône des Bourbons sur les cadavres des amis de la patrie.

En vain Moreau tente-t-il d'échapper aux preuves qui jaillissent de ces faits et de ces aveux, en se jetant dans de vagues déclamations et en présentant des *moyens d'excuse*.

En vain, lorsque la justice le saisit en flagrante conspiration au profit des Bourbons, s'écrie-t-il que le crime dont on l'accuse est *invraisemblable*, et que celui qui, par ses victoires, a fait tant de maux aux Bourbons, ne peut jamais conspirer pour eux, etc.

On lui répond que Dumouriez, que Pichegru avaient aussi battu les armées coalisées pour la cause des Bourbons.

Dumouriez, dans les plaines de la Lorraine et de la Champagne, avait battu, chassé devant lui les *Bourbons en personne;* et, en élevant les trophées sanglans de Gemmapes, ne paraissait-il pas avoir établi une barrière insurmontable, un mur d'airain entre les Bourbons et lui?

Et cependant qui ignore aujourd'hui que Dumouriez a obtenu sa grâce à Mitaw? qui ignore qu'il a parcouru toute l'Europe, frappé aux portes de tous les cabinets, fait gémir toutes les presses pour former une coalition nouvelle, une croisade impie pour la cause des Bourbons contre sa patrie ? qui ignore que ce Dumouriez, aujourd'hui réfugié à Londres, y est occupé, sous les yeux, sous les ordres de ces mêmes Bourbons qu'il a chassés de France en 1792, à créer, contre sa patrie, des plans d'attaque et d'invasion payés par le gouvernement anglais ?

Et ce Pichegru, que la révolution avait trouvé simple sergent d'artillerie, qu'elle avait élevé au grade de général en chef, Pichegru, après avoir battu la coalition, battu les Anglais, conquis la Hollande, n'en a-t-il pas moins trahi la cause de la liberté? qui sait mieux que Moreau que Pichegru conspirait en faveur des Bourbons? qui connaît mieux que Moreau le nombre des défenseurs de la patrie abandonnés par Pichegru à la rage de l'ennemi, et offerts comme autant de victimes expiatoires, dont le sang répandu lui a enfin mérité la miséricorde des Bourbons? Qui oserait nier que payé par l'Anglais, envoyé par les Bourbons, arrivant avec Georges, Pichegru ne soit venu pour opérer, par de nouveaux meurtres, la contre-révolution au profit de ces Bourbons à qui cependant il avait, comme Moreau, fait tant de maux par ses victoires et ses conquêtes?

Moreau n'est pas plus heureux lorsque pour

excuser son crime, qu'il appelle si naïvement *une inconséquence*, il parle des combats qu'il a livrés, des batailles qu'il a gagnées et de deux armées qu'il a sauvées.

Ces combats, ces victoires, ces services rendus à la patrie peuvent-ils donc donner à un citoyen, à un général le droit étrange, épouvantable de conspirer contr'elle et d'assassiner, au profit d'une déplorable ambition, un magistrat qui a aussi livré *quelques* combats, remporté *quelques* victoires, sauvé *quelques* armées, donné la paix au monde, rendu sa patrie au bonheur et la France à l'Europe.

Mais devait-il donc ces victoires à ses seuls efforts? Le sang de plusieurs milliers de braves n'arrose-t-il pas ses lauriers; et n'est-ce pas en remportant ces victoires et en cueillant ces lauriers que des milliers d'autres braves ont été mutilés par le fer ennemi? Et si, pour prix des services rendus à la patrie, le général victorieux peut conspirer impunément contr'elle; si le laurier garantit de la hache des lois, comme on prétend qu'il préserve du tonnerre, quel juge osera prononcer l'application de la peine la plus légère contre les soldats qui, mutilés par le fer ennemi, se rendraient coupables de délits particuliers? Présenter une pareille excuse, la présenter soi-même, la présenter sans rougir!......... c'est calomnier l'armée. Elle rejette ce parricide privilége; et si ses acclamations sont la plus douce récompense du général victorieux, ses malédictions poursuivent le général conspirateur, alors même qu'il est couronné de lauriers, et demandent vengeance de la conspiration.

Eh! qui pourrait, sans frissonner, pressentir le sanglant résultat de celle qui était tramée? quel avenir, grand Dieu! nous promettait cette monstrueuse coalition, et le triumvirat épouvantable qui aurait envahi le gouvernement après l'assassinat de son chef! De combien de victimes chacun de ces factieux se serait mutuellement demandé le sacrifice? Quel homme ayant marqué dans la révolution, ayant acquis un bien de prêtre ou d'émigré, ayant servi sous les drapeaux de la liberté, eût échappé à ce boucher de Georges? Quel homme ayant pris un parti en fructidor, aurait échappé au sombre et vindicatif Pichegru? Quel homme ayant témoigné amour et reconnaissance à Bonaparte, eût échappé à la jalousie de Moreau, qui eût été bientôt, lui-même, massacré par ses deux rivaux?

Et en supposant qu'il eût échappé au fer de ses complices, quel avenir nous promettait cet homme faible, factieux par jalousie, paresseux par tempérament, que les affaires effrayent et que deux femmes ont conduit !

Nous avons traversé des ruisseaux de sang pour arriver à une monarchie constitutionnelle ; il nous faudrait traverser des fleuves de sang pour retourner à l'anarchique et arbitraire monarchie des Bourbons. Pichegru le connaissait bien cet homme, lorsqu'il disait, en jurant, que ses débiles mains ne pourraient pas, pendant trois mois, soutenir le poids du gouvernement.

Incapable de concevoir dans son ensemble et de jouer dans son entier, même le rôle de Monck, Moreau n'avait de caractère et de courage que ce qu'il en fallait pour en répéter brusquement et en précipiter la sanglante et flétrissante catastrophe.

Et c'est sur un pareil homme que des hommes avides de troubles, dans l'espoir de retrouver dans une révolution nouvelle les priviléges qu'ils ont perdus, essayent d'attirer l'intérêt et la compassion ! C'est à ce conspirateur sans courage que l'on ose comparer l'imprudent et malheureux de Thou ! et, en invoquant ses mânes, d'indiscrets orateurs osent menacer les juges qui doivent prononcer sur ce grand procès !

Et moi aussi, je m'adresse à ces juges ; mais, au lieu de les appitoyer sur le sort d'un individu aussi évidemment coupable, je les invite à fixer leurs regards sur trente millions de Français et leurs pensées sur leur sort.

Voyez ce que nous sommes ; par quelle suite de travaux et de miracles nous avons été arrachés à l'anarchie, à l'épuisement, et à quel degré de puissance au-dehors, de tranquillité, de sécurité au-dedans nous sommes parvenus, en quatre années, en dépit de la guerre et des factions. A côté de ce tableau, je leur présenterais le résultat de la conspiration actuelle, dix ans de guerre civile, et pendant quarante ans, les échafauds élevés par les Bourbons, hérissant toute la France, rivalisant les échafauds dressés par les Stuart ; et plaçant aussi ces juges devant la postérité, je leur dirais : pour les amis de la révolution plus de milieu; nos exploits, nos noms, nos institutions doivent être par nous maintenus au temple de mémoire pour l'éternelle admiration et pour l'éternelle instruction des peuples, ou ces exploits, ces noms, ces institutions doivent être attachés au gibet de l'infamie pour l'éternel effroi des nations; je leur dirais aussi que l'Europe les contemple; mais j'ajouterais qu'ils ont, peut-être, à prononcer plutôt sur la paix et sur la guerre que sur la conspiration ; et dans leur jugement l'Angleterre lira s'il y a en France espoir de trouble ou stabilité, des germes d'anarchie ou un gouvernement.

FIN.

www.ingramcontent.com/pod-product-compliance
Ingram Content Group UK Ltd.
Pitfield, Milton Keynes, MK11 3LW, UK
UKHW020314220726
13923UKWH00003B/1147

9 782329 030562